해 뜨는 커피

누에실문학회 창작문집 6집

해 뜨는 커피

김강열 외

셋이서문학관

〈격려사〉

고뇌 속의 아름다운 작품

정 인 관

셋이서문학관장

신은 인간에게 우주만물을 마음대로 아끼고 사랑하며 이용하라고 허락하셨습니다. 그래서 인간은 모든 자연 속에서 살아가고 있습니다.

사람은 "천지지간 만물지중 인간최귀(天地之間 萬物之衆 人間最貴)"라는 말이 있습니다. 그러니 모든 중심이 인간이기에 인간을 가장 많이 사랑한 것이 지상의 원리입니다. 특히 예술을 하고 있는 사람이라면 더욱 자연을 아끼고 사랑해야 할 것입니다. 즉, 작가, 화가, 극작가, 영화인, 건축가, 과학자 외 모든 인간들의 삶이 자연 속에서 이뤄지기 때문에 인간의 생사가 예술로 시작하여 예술로 막을 내린다고 봅니다.

여기 누에실 문학인들도 멋있는 예술을 만들어내기 위하여 고뇌하고, 잠을 이루지 못하면서 좋은 작품을 만들어내고 있습니다. "누에실문학"이라는 명칭도 그렇게 쉬운 것은 아닙니다. 누에 씨앗을 일주일 이상 잠재웠다가 뽕잎을 먹여서 누에가 되면 자신의 몸에서 실를 뽑아 고치를 만들어 그 고치 속에서 번데기가 되어 명주실로 옷을 만들어 사람들이 부드럽고 고운 옷을 입게 되는 것입니다. 이것이 바로 예술이란 고뇌에서 아름다운 작품이 나오리라 믿습니다. 누에실 회원들은 수많은 고뇌 속에서 작품 한 편을 만들어 내기 위하여 글을 쓰다가 지우고 다시 쓰고, 몇 백 번을 그리했을 것입니다.

5개월을 1기로 20명씩 주 1회(목요일)에 <나만의 문집 만들기>를 지도 해온 결과 이번에 6기생들이 수료하게 되어 6집을 출간하게 되었습니다. 작품 한 편을 평가하면서도 피땀을 흘리며 고난의 속에서도 서로 이해하고, 시어 하나를 놓고도 어떻게 평가하느냐, 서로 토론하고 희로애락 속에서 작가의 꿈을 그리면서 이번에도 애상스러운 시집을 선보이게 되었습니다. 지도하는 소인도 인생살이 반백이 넘으신 분들을 그 어려운 작품을 쓰도록 재촉을 했던 그때 그 시간들이 한편 행복하면서 그분들의 애태움이 가련하기만 했었습니다.

누에실 어르신들이 희망을 갖고 노력한 결과를 부끄러운 마음으로 선 보여 드리오니 십분 이해하시어 살펴주시면 감사하겠습니다. 항상 셋이서문학관을 살펴주시고 격려해주신 김미경 은평구청장님과 문화교육관광과, 그리고 김시업 한옥역사박물관장님과 모든 분들께 고마운 인사를 드립니다.

〈발간사〉

삶의 지혜로움과 행복을 느끼면서

김 강 열

누에실문학회 회장

무덥고 힘들었던 여름이 지나고 노랗고 빨갛게 물들어 가는 가을 단상을 마주하며 누에실문학회 제6집 문집을 세상에 내놓습니다.

북한산 기슭의 가을바람 타고 나뭇잎 사이 붉어지는 모습을 보며 누에실 동인지를 처음 발간한 이후, 여섯 번째까지 이어오면서 수묵처럼 잔잔하게 번지는 추억의 퍼즐을 맞춰 가며 노오란 가을 향기를 6집 위에 얹어 봅니다.

흘러가는 구름처럼 삶의 여정에 잠시 멈춰서 글공부를 하고 문학활동을 통해 서로 소통하고, 만남으로 각자의 지혜를 나누며 바람에 달 가듯이 우리 일상의 생활을 소소하게 표현하여 진지하게 동인지라는 책에 작품을 수록할 수 있음은 우리들에게 글 쓰는 지혜로움과 행복을 느끼기에 충분하다고 생각합니다.

“그대가 줄곧 찾아서 헤맨 지혜는
갖가지 책 속에서, 어느 페이지에서나 빛나고 있을 것이다.
왜냐하면 이제 그 지혜는 그대 자신의 몫이기 때문이다“
- 헤르만 헤세의 『책』 일부 중에서-

오늘도 우리는 글을 쓰고 다듬고, 다시금 쓰고 다듬는 일을 반복하면서 창작의 꿈을 이루고자 노력합니다. 꾸준한 동인활동으로 문학의 새로운 발자국을 한 발 한 발 내딛어 발전하고 있습니다.

이른 봄 은평한옥마을에 새싹이 돋고 뜨거운 여름의 열정이 지나 낙엽이 곱고 아름답게 물드는 계절을 맞이하였습니다. 채색되어가는 가을 산책을 하면서 서로 다른 가치관과 삶을 살아가는 누에실 회원들의 개성이 담긴 작품을 읽어주시는 모든 분들에게 긍정적인 에너지를 생성시켜 주시리라 믿습니다.

누에실 동인지가 나오기까지 후원해주신 김미경 구청장님과 지도교수인 정인관 관장님, 김시업 박물관장님께 감사의 말씀을 드립니다. 최선의 노력을 다해 주신 누에실 회원들과 출판 관계자분들께도 감사의 인사를 전합니다.

차 례

지도교수 초대시

회원시

지도교수 초대시

정 인 관

셋이서문학관 관장

봄빛 여의고 땅 빛 눈을 뜰 때
생명의 소리 귓가에 아스라이
꽃잎술 내밀고 향기 담아 웃고 있네

노을 외 1편

지도교수 정 인 관

늙었다고 누가 말하며
낙엽이 떨어진다고 누가 탓하랴
물 먹고 바람 맞아
천 리 길을 가더라도
해는 떨어지지 않으련만
풀새는 보금자리 찾아 날아가고
서산으로 날고 날아서 가겠지만
동산에서 시작한 나날
사계가 춤추고 노래 불러도
멈출 수 없이 해맑은 것을
아니, 어둠에서 숨 쉬고 짙어져 가는 것들
공기는 어디로 가고 달빛이 시작되는가
세월이 녹아본들 해는 가고 어둠이 오려니
지구가 돈다고 한들 어둠이 멈출 수가 있겠는가
오늘도 변함없이 해는 지는데
검붉은 산마루에 어둠을 재촉하는 촛불이었구나

봄비는 여인의 눈물인가

산허리 접어
삼단 머리 기나길게 날리고
손바닥 살포시 머리 위에
떨잠을 감싸고
소리 없이 내리는 이슬비에
목을 적시고 산여울 초롱초롱
햇살에 눈을 뜬다

솔향기 여인의 옷깃에
소슬하게 내려 앉아
청순한 이슬비 여인이 되어
산모롱이 허리를 휘감으며
촉촉한 감성에 산 끝자락을 돈다

해맑은 얼굴에
물초롱 방울방울 맺혀 노래 부를 때
영롱한 햇살은 신바람 속에 춤을 춘다

청아한 소리를 가슴에 안고

윤 정 자

가으내 떨어져 낙엽되어
바스락거리던 잎새소리 인생이 늙어감을
말해주듯 소리는 멀어져간다

E-mail : yjj550724@hanmail.net

추억을 먹고 사는 사람들 외 3편

윤 정 자

달그락 달그락 소달구지
비탈길에서 시름 떨쳐버리고
뿌연 먼지 산허리 휘어감을 때
뻐꾸기 울음소리는
서글퍼 처량도 하구나

한 낮 쏟아지는 햇빛 속에
이랴이랴 목청 돋우며 고향산천 울리던
세월의 흐름은 아무 일 아닌 듯
그렇게 흘러가 버린
하얀 날들의 흐릿한 추억

사립문으로 소꼴 지고
들어오시는 아버지의 등짐을 보며
저녁을 서두르시는 어머니
큰 무쇠 솥은 연신
쉽게도 눈물을 흘리네

솥뚜껑 위 하얀 수증기는
한없이 솟아오르다 이내 멈추고
실 가닥 국수가 훌훌 털고 들어가니

입에서 군침 돌며
침샘이 한 맛을 녹이네

그리움과 추억으로
맛있는 흔적만 남아있을 뿐
무딘 손끝으로나마 그 맛을 내보련만
어찌 추억으로야 그 손맛을 따라갈 수 있으리

그림자 없는 바람

한낮 무더위
능선 언저리에 헐레벌떡
남실바람 타고 오르는지
깡마른 나뭇잎이 바스락거리며
가던 발길 멈추어 뒤돌아보네

바람은 날개가 없는데도
어떻게 무색길에 날려 보내는지
호기심만 들뜬 표정
스치는 소리만 보내는데
나무 이파리는 가슴을 내어준다

너울거리는 날개
해맑게 스치는 소리
산 넘어가 듯 휘휘 내저어
청아한 소리를 보내며
숲으로 불어댄다

세월의 산마루

창포물로 머리감아 곱게 단장하는 단옷날이 다가오며 동쪽에서 불어오는 바람을 맞고 서서 산마루턱에 내려앉는 햇살은 눈이 부시다.

연록의 숲속 나무들은 이미 짙은 녹색으로 옷을 갈아입어서인지 하루가 다르게 변화하면서 솔숲내음과 함께 푸름을 이리저리 날리고 있다.

지난 봄날 집 뒤 야트막한 좁은 오솔길을 오를 때에도 하얗게 피던 산목련꽃이 피었다 지고, 진달래꽃은 먼 산에 초록 숲속이 무색하리만큼 연분홍으로 수놓아 한 손 가득 보듬어 쌀가루 곁들인 화전을 붙였었다. 담장너머로 껑충 오르던 개나리꽃이 휘청거리며 작은 실바람에도 배시시 웃음으로 나부끼고 라일락꽃이 어우러지듯 흐드러지게 앞을 다투며 화사한 모습으로 피어 얼마나 마음을 설레게 했던가.

한 꽃이 피고지면 또 다른 꽃이 자태를 뽐내고 있는, 그 모습을 산마루에 바람이 잘 불어오고 있음이 아니던가.

그렇게 사월이 지나는 동안 코끝으로 들어오는 꽃내음은 무덤덤하게 살아가는 메마른 삶에 남실바람까지 불어주어 들로 산으로 발길을 옮기게 해주어 봄날 내내 생동감을 주었다.

어디 그뿐이랴. 우듬지 끝으로 날아가던 잡새들도 가던 길 멈추고 되돌아와 여린 나뭇가지에 앉아 산마루 너머에서 내려오는 따스한 햇살에 두 눈을 벙긋이기도 했었지.

오월을 맞은 완연한 봄 들녘은 흡사 눈이라도 소복이 내려앉은 양 싸리꽃이 온갖 실바람으로 두런거리던 숲속에 날리니, 잠시 큰바람이 불어왔는지 술렁거리기도 했었다. 가으내 떨어져 낙엽 되어 바스락거리던 나뭇잎을 밟는 봄날 산에는 아직도 아카시아 꽃과 밤꽃이 앞을 다투어 산마루에 향기를 날리며 보암직도 한 꽃이요, 먹음직스런 열매를 주렁주렁 달고 있는 밤송이를 올려다보고 있는 듯 침샘을 자극한다. 이렇듯 초록의 산마루는 바람에 살랑 거리며 하루가 다르게 잎을 틔워 꽃을 피워냈고 열매를 맺어야하는 한 그루 수목으로 번성하면서 우리에게로 왔다. 이제 단옷날이 지나가면 우듬지 끝에서부터 자드락비가 한 차례 지나가며 큰 물결과 작은 물결이 일겠고 돌과 돌 사이로 물이 흐르는 이른 새벽 맑고 청량한 소리를 내겠다.

해는 지고

서산마루에 붉은 해가 강물이 흐르듯 산사에 노을은 아름답게 수를 놓고 있다. 정녕 하루의 고별을 아쉬워는 하는 가슴앓이 인듯하다.

앞산에 피는 꽃도 청춘시절에는 화려한 양귀비꽃이 되어 아름답게 피었겠지만 세월이 흘러 꽃의 생애를 다할 때에는 고개를 숙이고 추레한 모습으로 생명의 종말을 기다릴 것이다.

생명을 가지고 있는 자연의 이치에 따라 생로병사(生老病死)를 겪고 마지막 작별을 언젠가는 맞이하듯이 생명의 종말을 감수할 수밖에 없는 것이 우주만물의 철칙이라 본다.

인간은 더욱 중요한 생명을 가지고 있다. 해도 어쩔수없이 유한성을 지켜 서산을 넘을 수밖에 없는 것이 인간의 삶이다.

해바라기도 새싹이 피고 씨앗이 영글어가면서 고개를 쳐들고 해만 바라보고 살아간다.

우리는 흔히 해바라기를 짝사랑의 꽃이라 한다.

해만 바라보고 살아가기 때문에 붙여진 이름이겠지. 그러나 해바라기도 하 많은 씨앗을 낳고 영글어 가면, 고개를 숙이고 수심에 쌓인 듯 잎새는 메말라가고, 짝사랑하다가 실연당한 것처럼 얼굴이 까매지고 서산에 넘어가는 해도 안 보는 신세가 되었다는 전설적인 말이 있다.

우리가 꽃 같은 인생이 되어서는 안 될 거라 생각한다. 인간도 꽃에 비유한다면 나이에 따라 때가 있고 시기가 있다고 본다.

즉, 15세에는 지학(志學)이요, 20세면 약관(弱冠), 30세에는 이립(而立), 40세에는 불혹(不惑), 50세에는 지천명(支 天命), 60세에는 이순(耳順), 70세에는 고희(古稀)라 했다. 그래서 인생 칠십 고래희(人生七十古來稀)라 하여 인생을 다 마치고 다시 어린아이로 돌아간다는 말이 있다. 그런데 지금은 의술이 발달되고 좋은 약을 만들어 내기 때문에 건강에 유의하여 100세 인생이 되고 있다.

사람이나 꽃이나 유한성이 있겠지만 해는 무한성으로 존재가치가 다르다는 사실이다. 더군다나 해는 인간세상에 천재적인 자산이요, 모든 만물의 생명과 직결되는 존재이다.

그러나 '해는 불타는 쇠의 신'이라고 아르키메데스는 말하고 있다. 그렇다. 밤새도록 불 속에서 달구어진 쇠가 날이 새고 밝아져서 밖으로 나와 있다면, 그것은 하늘에서 신이 내려주는 정말 뜨거운 쇠, 즉 불덩인 것이다.

이 해가 낮에만 계속 존재한다고 생각해본다면, 생명을 갖고 있는 모든 만물들이 살아갈 수 있겠는가.

그래서 우리는 '해는 지고, 해는 다시 뜨고' 이렇게

살다가 때가 되면 가는 것이다.

세상 순리에 따라 생명체가 있으니, 우주의 섭리가 생사고락(生死苦樂)으로 존재하게 되어 있다고 본다.

신은 우리 인간들에게 최고의 행복을 준 것 같다. 춘하추동 사계절이 있어 좋고, 봄이면 꽃이 만발하여 향기로운 세월을 지내고, 여름이면 신록이 만발한 춤을 추고, 가을이면 알토란 같은 열매들이 토실토실 영글어 우리에게 일용할 양식을 주고, 겨울이면 온 누리에 눈꽃이 피고 행복한 시간의 여유를 주니 얼마나 행복한 삶을 누리고 사는가. 이모든 것은 해와 달이 있고, 낮과 밤이 있기 때문에, 인간이 의식주를 누리며 살아간다고 본다.

해가 서산에 걸터앉아 넘어가가 싫은 듯 해 여울을 붉게 만들어내듯 우리네 인생도 늙어가지만 해 넘어 가는 석양만 생각지 말고, 언제나 아침이면 힘차게 솟아오르는 해맑은 해처럼 더 젊게, 더 신바람 나게 살아야겠다.

순백의 하얀 글꽃

정 미 란

모래 위에 써 놓은 고운 사랑이야기
파도가 와서 흔적도 없이 가져가버려도 가슴
한 가운데에서 강물 되어 흐르리

E-mail : arirang1207@hanmail.net

첫눈 외 4편

정 미 란

물안개 피는 새벽 강가
소리 없는 강물 따라
홀로 날으는 작은 새
비상하는 푸른 날개 위로
하얗게 쏟아져 내리는
자연의 신비 하늘 꽃송이

마법을 뿌려놓은 듯
온 세상이 순백의 새 옷 입고
보석처럼 반짝이는 것은
지난날의 기억이 머문
키 작은 그리움의 조각들

성에 낀 창가에
서성이던 겨울바람도
채 떨구지 못한 고운 잎새 위에
다소곳이 앉아 콩닥이는
작은 심장소리 들으며
숨죽여 바라보는 여린 날갯짓들

해넘이 끝자락을 밝히며
끝없는 사랑을 전하는
따뜻한 대지의 기쁨
하늘이 눈물로 빚어낸
소중한 겨울이야기

소리 없는 갈바람

인적이 드문 고요한 숲 길
아득한 기억이 머문 잎새 위로
그윽한 잔물결 일으키는
소리 없는 너울 갈바람

지친 어깨 위에
살며시 내려와
나를 흔들어 깨우는
지난날의 기억은
무심히 비추는 새벽달 같아

아팠던 자리마다
노란 들판에 뿌려진
내 심연의 하늘은
가을날 빈 들판을 지키는
초라한 허수아비의 슬픔이어라

불볕 태양 아래 빨갛게 익은
고운 두 볼의 사과처럼
겨울 지나 내 마음에 새 봄 오면
슬픈 허수아비 옷깃에도

사랑의 온기 가득 차오르기를
해맑은 웃음소리
저 멀리 퍼져나가기를

종이꽃

- 누에실 글꽃

순백의 하얀 종이 위에
서로 다른 삶의 숨결이
함께 소통하고 나누며
손끝에서 피어오르는
정갈한 이야기들

바스락대는 야생초 같은
거친 삶 속에서도
따스한 햇살 내려앉은
어제와 오늘
꿈꾸는 내일로 가는
기나긴 여정의 간이역에서

서로 사랑하고 배려하고
함께 감사 하고 용서하면서
조각달 안에 숨겨진
번민과 갈등
슬픔의 눈물까지
하얀 종이 위에서
자유로이 피어오를 때
옹기종기 모인

푸른 소망 피어나리라

가느다란 현의 울림으로
서로 공명하며 하나 되는
영원히 시들지 않을
향기로운 꽃
종이 위에 피어나는
아름다운 글꽃
종이꽃이어라

길고양이의 고통

유독 어미 곁을
떨어질 줄 모르던
아기 길고양이

한 해가 넘었어도
여전히 어미젖을 더듬고
아기처럼 어리광부리며
어미 곁을 딱 붙어 다니더니

한동안 못 본 사이
어찌된 일일까

볼록해진 옆구리
힘겨운 내딛음
뒤뚱거린 걸음걸이
그러다 이내 수풀에
풀썩 주저앉아버린
가여운 아기 길고양이

작고 여린 몸집으로
새 생명을 잉태하고

다가올 크나큰 산고를
아는지 모르는지
오롯이 홀로
감당해야할
애처로운 눈빛이
한없이 딱하고
처연하기만 한 귀한 탄생

고요

호숫가 저편 언저리에
거꾸로 비친 산 그림자
신록의 숨소리

가만히 눈을 감고 서 있다

보이는 것에
혼을 뺏기어
들리지 않았던

나무의 속삭임
바람의 노래
잔물결의 일렁임
호수에 쏟아지는
태양의 온화함까지

모두 다
내 볼에
내 가슴에
온전히 부딪혀오는
감동의 소리

소란했던 마음을
태초의 고요 속으로
데려다놓은 지금

순식간에 시공을 넘나들며

꿈꾸는 나의 길

돌아보면
지난날은 모두가 다
꽃길이었어라

격랑의 파도가 일깨워준
시련의 아픔도
격동의 바람이 가르쳐준
설움의 눈물도

모두가 다
내 삶의 동력이었고
용기의 원천이었어라

가뭇없이 걸어가는
이 낯선 길 또한
쉼 없이 나아가니
정녕,
곱디고운 꽃길이어라

만물의 협상은
신의 뜻이라더니…

조 례 자

오늘도 나는
자연을 사랑하기 시작한다

특별한 아침 외 3편

조 래 자

작년 이맘때 물레시인[1]이 불렀던 그 노래가 생각난다
아!
가을인가
나도 이 노래를 불러본다
참 가을다운 이 노래
가을의 향기에 흠뻑 취한다

오늘도 나는 자연을 사랑하기 시작한다

부엌 창문 너머로 보이는
흑장미 한 송이
외로워 보여서 더욱 섹시하고 아름답구나
나도 모르게 슬며시 바깥을 나간다
나는 다시 들어와 커피를 내온다
내가 좋아하는 앤티크한 커피잔에 커피를 마시니 그윽하다
나만의 이 향
그게 나이고 싶다

이젠 완벽하게 자연과 하나 되는 시간이다

1) 정인관 시인의 필명

깊은 애정이 생긴다
작은 꽃밭을 지나 보리수나무를 만져본다
좁은 오솔길을 걸으니 뽕나무가 있다
올해는 오디를 별로 못 먹어서 아쉬움을 남겨줬다
조금 걸으니 산수유나무가 뒷산과 연결되어 쭉 들어서 있다
봄이 되면 맨 처음 보는 노오란 산수유 꽃
그는 나를 늘 설레게 한다

나무 꼭대기를 바라보니 파란 하늘도 보인다
이 아침 나는 너무 많은 것을 보았고 가졌노라
그런데 나보고 아무도 많은 것을 가졌다고 뭐라고 하는 이 없으니
인간세상도 참 평화롭구나
참으로 행복한 이 아침
누구에게 전해야 할지 깊은 상념에 빠져본다

아! 여름

- 더워도 너무 좋다

상추, 호박잎
문 앞에 놓고 갔다
나는 바알갛게 익은 토마토를
안나네 집 문 앞에 놓고왔다

한여름의 풋풋한 날들이 이어지는
도심 속의 숲 속 마을
푸르름의 향수를 뿌리며
여름은 세상 밖으로 나와
내 곁으로 다가온다

장맛비는 여름을 어루만지고 그냥 지나갔다
어느새 나무들이 한꺼번에 초록이 되어버렸다
큰 산 숲 속 그리고 나무들이 커가니
나는 푸르름을 마음껏 가질 수 있다

보리수나무 그늘 아래서 커피를 마신다
여름을 마신다
슈베르트의 '겨울 나그네'를 들어본다
참 좋다

나는 죽어도 이곳을 떠나지 않으리라

여름의 한복판에서
초록빛 꿈을 꾸고 있는 것일까
시원한 이 바람과 함께

이들과 하나 되고 싶어라
나는 늘…

북한산

한양의 주산은 백악이라
600년 전 무학대사의 판단은
과연 옳았을까?
민심은 반쪽으로 갈라지고
거룩한 분노로 님은 가고 없다

낙산은 좌청룡
인왕산은 우백호
남산은 남주작
북한산의 정기는 북현무라

하늘을 향해 쭉쭉 뻗은 푸른 나무 숲
아찔한 기암괴석들이 뿜어내는
이 기상, 이 기운
산을 오르는지
꿈속을 거니는지

기기묘묘한 거대한 인수봉, 보연봉
사모바위, 족두리바위의 아슬아슬한 절경
비 온 뒤 볼 수 있는 상고대를 에워싼 모락모락 피어나는 자욱한

저 물안개를 보라
그 신비함이 음의 기운마저 드는구나
과연 이 영험함이
신들의 놀이터가 아니었던가!

나는 밤낮으로 이 산을 걷고 걷노라
세월이 벽을 무너뜨리고
금강산이 나를 부를 때까지

날이 밝아온다
동녘 하늘에서 해가 떠오른다
가도 가도 끝이 없는 북한산
산, 그리고 산

그리운 우리 형부

아버지의 결사반대에도 불굴의 의지로 작은 언니와 결혼한 우리 집 둘째 사위
사나이 중의 사나이
사랑합니다 형부

키도 크시고 인물은 훤하시고 마음은 좋은 순수청년
유머는 최고로 우리 집 딸들의 웃음소리는 동네가 떠나가고요
커다란 눈은 엄청 겁이 많아 겁쟁이 형부
이보다 더 멋진 우리 형부는 이 세상에 없을 듯합니다

나 어렸을 때는 참 예뻐해 주셨는데 철없는 나는 왜 그렇게 싫어했던지요
학창시절에는 여드름 약을 사주셔서 친구들도 발라주며 형부가 사준 선물이라고 얼마나 자랑했던지요
형부가 그토록 아끼던 멋진 조개껍데기 액자도 내가 조르니 선뜻 주셨어요
내 책가방도 늘 들어주셨죠
형부는 집에 오실 때마다 선물을 가지고 오셔서
형부는 다 그런 사람이라야 형부인 줄 알았습니다

제가 아가씨가 되니 내 높은 뾰족구두를 반들반들하게 닦아 주셨습니다

내 생애 살아오면서 내 구두를 정성껏 닦아주셨던 사람이 유일한 형부셨습니다

내 어찌 그 추억 그 기억들을 잊을 수 있겠습니까

그런 우리 형부는 올해 2019년 9월 7일 79세의 나이로 세상을 떠나셨습니다

작은 언니와 수미, 선정이, 영주 세 자매를 남겨놓고 홀연히 가셨습니다

이제는 보고 싶어도 볼 수 없는 그리운 형부가 되었습니다

형부의 그 중 저음의 마성의 그 목소리, 빠져들 듯한 그 노래

얼마나 멋지셨던지요 얼마나 좋아했던지요

정말 다시 들어보고 싶습니다

생각해보니 형부한테 받은 사랑은 너무나 많은데 정작 저는 아무것도 해드린 게 없으니 가슴이 무너질 듯 아픕니다

하도 눈물이 앞을 가려 더 이상 글도 쓸 수가 없어

수미한테 전화했습니다
　전화통을 붙들고 수미와 같이 한없이 울었습니다
　만물의 협상은 신의 뜻이라더니…

　형부, 너무 보고 싶습니다
　그립습니다 형부

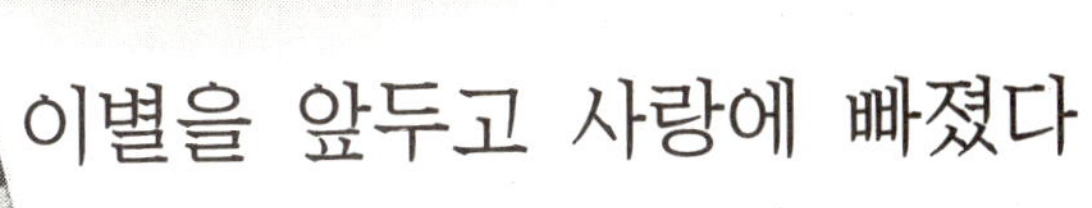

김 영 숙

힘차게 펼쳐라
아름다운 날개를

E-mail : jihgafs@naver.com

눈동자 외 4편

김 영 숙

힘없이 허공 속을 헤매다
턱까지 차오른 들숨날숨 쉬며
털썩 주저앉기를 몇 번
내 안에 들어와 별이 되어
그 모습 보이지 않고
그 목소리 들리지 않아도
마음속 가슴에 빛나는 별

마지막
생의 빛 여과 없이 담아내며
두 눈 부라려 살아온 날들
시방은 내려놓고 가벼워지는
마음들 잊을 수가 없어라

사르르 눈감으며
영원한 안식에 드는 날
천지가 서러움에 젖어
그 눈물바다로 가고 있고

비운 마음은 가벼이 하늘을 날고
함께 한 시간들은 고스란히

구름과 같이 흐르고
우리의 마음에 들어와 살고지고
보고 싶다

마주하고 싶다
그 눈 · 동 · 자
사무치도록…

가을 연가

이별을 앞두고
사랑에 빠졌다

세상 사는 것도 가지가지
얼굴처럼 마음이 보이지 않아
상처 받기도 하고
상처 입기도 하지만

그래도
사랑은 여전히 사랑이어서
봄비처럼 내려와 젖어드는
세상은
밝고 아름답기만 하다

세상은 시끌벅끌
삶의 무게는 하늘을 치솟고
의, 식, 주는 바닥을 치고
오르거나 내리는 그 와중에

여름은 절정을 달리다 지쳤는지
아침저녁이면 게으름을 피우고

바람은 그 틈새로 소리 없이 다가와
어수선한 마음에 秋夕을 놓고 간다

가는 계절 잡고 않고
오는 계절 막지 않듯이
여름에 익숙해지다
가을에 흔들림은 당연한 것
마음이 물결치면 치는 대로

똑! 똑! 똑!

지금은 연애 중

초록여행

빨간 장미가 온 누리에 날으는 오월
물소리, 바람소리 들으며 잠든 장미 여행길
영혼을 깨워 설레는 마음으로
초록으로 잠든 세상을 떠난다

연초록 입술들
더듬더듬 첫 잎새로
세상의 비밀을 퍼뜨리고 싶어
햇살에 부신 초록언어들을 주워 담아
끝없는 산 향기에 실려 보내니

방울방울 맺힌 그리움
얼굴 가득히 초록의 싱그러움으로
웃음의 그림을 그리는 소풍

즐거워라
자유로 노래하니
가는 곳마다 초록의 소리 뒤안길
오늘이 행복의 해맑음이어라

창안을 훔쳐보는 초록 눈
창밖의 푸르름에 마음 뺏긴 언어들
신명난 노랫가락에 장단 맞추며
어깨춤이 들썩들썩 온 세상을
가슴에 안아보리

바람

무형의 아우성
온몸을 휘감고 돌며
미소를 거두고 회오리가
마음을 휘젓고 노니다가
뜬금없이 살아나기 시작한다

바람아…
무심하고 퉁명스럽게
허리케인 급이 아니라면
바람 따위 불든지 말든지

하지만,
이미 마음 쓰여 따라 다니고
바람에게 기대는 마음은
눈덩이처럼 커지고
정신 사나운 생각들 날아가 버리면
이젠 좋겠다는 생각뿐,

바람의 손을 잡고 싶은 날
마음에 바람이 불지요
안색을 살피고 주위를 맴돌며

두 얼굴로 다가와 시치미 떼고

안 불면 좋겠지만 불 때마다
가슴에서 천불이 난다
아침에 재미 삼아 보는 운세에
'고민할 게 없는 일에 신경 쓰지 말라'라는 말

어찌 그리 시원하던지

아름다운 날개

세상살이 벼랑에 살아도
가슴속에 상처만 녹인다면
시간 따라 세월 따라
독버섯은 낙수에 젖어 씻겨나가련만

하늘 높이 날아도
꿈을 잡으려고 애를 써도
세상사 마음먹는 대로 안 된다면
날개를 달고 훨훨 날아서
가슴속에 하 많은 잔소리를 날려 버리면
오직 마음속에 아름다운 꽃이, 꽃이 피어나리

날아라 이바구야
떨어져라 삿갓봉에 쌓인 쓰레기들아

힘차게 펼쳐라
아름다운 날개를

연분홍 메꽃을 보며

이 흥 순

꿈속인 듯 들려오는
그의 목소리

그의 목소리 외 4편

이 흥 순

비 그치고 바람 부는 오후
뜰에 내려가 풀을 뽑는다

며칠 동안의 장마 비에
꽃보다 더 커버린 풀
잔디 사이사이 자라난 잡초들을
뉘를 골라 내 듯이 솎아낸다

홀씨 날리는 민들레
푸르게 터를 잡은 토끼풀까지
한 움큼씩
한 움큼씩
뿌리째 캐어버린다

어느새 분꽃이 피는 저녁
던져진 풀 더미 속에서
들려오는 목소리

왜
난 안 되는 거니

꿈속인 듯
다시 또 들려오는
그의 목소리

왜
우린 안 되는 건데

통곡(慟哭)

시커먼 구름이
비를 안고 몰려온다

눈처럼 하얗던 구름
잿빛으로 변하더니

흙빛 덩어리 되어
푸른 하늘을 덮고

번쩍!
蒼空을 가르는 불빛
얼마나 참았던 설움인가

우르릉 쾅쾅 소리와 함께
온 세상 터져 넘치도록
퍼붓는 빗줄기
빗줄기

근심 걱정 없어 보이던
구름의 慟哭에
눈부시던 태양도 숨어 버리고

내 눈물도 함께 흘러 흘러
온 땅을 적신다

그리움

한여름 피서지
연분홍 메꽃 앞에서
멈춰 선 발걸음
기어이 눈물 한 방울까지

오뉴월 땡볕에 피어있던 꽃
엄마는
콩밭 속으로 들어가 보이지 않고
나는 이랑 사이 그늘에 앉아
조그맣고 핏기 없어 보이는
꽃을 바라보고 있었다

한참 후 나타나
머리 덮은 수건 벗어 땀을 닦으시며
어린 가지를 건네주시던 어머니
"엄마~ 이 꽃 예쁘다." 하자
"메꽃이란다." 하셨지

희디흰 분홍빛으로 웃고있던 작은 꽃
하얀 실핏줄이 희미하게
살아있음을 알려주던 꽃

그 뜨겁던 여름
병실 침대에서
"머리 좀 빗겨다오."하셨다
쪽을 풀어내니
삼단 같은 긴 머리칼

내 빗질 따라 흔들리던 엄마는
메꽃 같은 창백한 미소를 보여주고 가셨다

지금도 나는
연분홍 메꽃을 보면
엄마가 생각난다

엄마가 그립다

착각

지하철을 탔다
경로석 빈자리에 앉으니
모두의 눈길이 나를 향한다
얼른 고개를 숙이고 책을 펼쳤다

맞은편 바닥 나 만 바라보는 까만 구두
오른 쪽 나이키운동화는 웃기까지 한다
문 옆에 아줌마도 내 곁으로 와 선다

립스틱이 너무 붉은가
옷이 너무 야한가
등줄기에 땀이 난다

갑자기 등산화 신은 남자가 내 앞으로 온다
깜짝 놀라 일어서자
지하철 문이 열리고 그가 나간다

선 채로 사람들을 바라보았다

까만 구두 신은 할아버지는
가방을 끌어안고 눈을 감고 있고

나이키 운동화 주인공은
핸폰 게임을 하는지 혼자 웃으며 떠들고 있다
내 옆에 서 있던 아줌마는
빈자리를 찾아가 앉는다

날 바라보는 이
한 명도 없다
아무도 나한테 관심 없다
어느 누구도 내게 신경 안 쓰는데
그 동안 나는
뒤통수 앞이마에
타인의 눈총을 매달고 있었다

남을 의식하며 살았다

뭐라고 부를까

가을이라기엔
너무 춥고

겨울이라 부르기엔
아직 이른

가을도 아닌 것이
겨울도 아닌 것이
내 맘을 흔든다

친구도 아니고
연인은 더 더욱 아닌 듯한
너 와 나처럼

이름 부르기
애매모호한
立冬 아침

추억 속의 조각들

김 강 열

아플 것이 두렵다고
어찌 사랑하지 못하겠냐

E-mail : kkl5909@hanmail.net

해 뜨는 커피 외 4편

김 강 열

창가는 해넘이로 어둡다

아직 동트기 전
사방이 잠든 새벽
고요 속에 에스프레소를 내린다

커피가 쏟아 내는 짙은 향기는
상큼한 그리움으로 스며들고
입술에 가볍게 부딪치는 하얀 맛
우리의 모진 삶을 가슴에 안아본다

아무도 몰랐던 길고 긴 밤
식은 커피처럼 쓰고도 달구나

아침 햇살 고요히 다가와 원두에 앉으니
아~ 밤이 이토록 낮보다 진했던가

재미 주머니

비밀을 간직한
삶의 봇짐 안에는

웃음으로 버무린
행복이 담겨있고

막걸리 한 잔의
우정이 쌓여있고

꿈이 넘친
사랑이 부풀어 있으니

삶의 봇짐엔
날마다 희로애락이 넘쳐나는구나

그래,
인생은 그냥 그렇게 사는 거야
꿈을 담고 인생을 담아내는 수다쟁이로 사는 거지

봉숭아 꽃물을 입히다

붉은 꽃 뜨락에 가득 채우고
토담의 골목 볕이 좋았었나
등 기대고 옹기종기 손가락에 꽃 피웠네

한 아름 발그레한 입술은 여전히 소담스럽고
빠알간 꽃잎은 잃어버린 첫사랑
추억처럼 참 곱디 곱더라

할아버지 꽃잎 수북이 따놓으면
무명옷 길게 찢어 하얀 실로 동여매고,

"곱게 물들어라! 더욱 예쁘게…"
노래 부르며 하얀 손톱에 붉은 달 띄워보았지

밤새도록 꽃물 들이고 첫눈오길 기다리던 그 옛날
고사리 손 조심스레 가슴에 포개어
손톱에 물들인 꽃잎 도망갈까
그렇게 우리들은 서로를 꽁꽁 물들였었지

꽃물 입은 발그레한 연분홍 색깔은
언제나 숫접고 수수하기만 하였어라

그때의 고운 물감 고이 간직하고 있는데
봉숭아꽃물에 첫사랑 찾아올까

가을의 소리

푸른 하늘에 여울 구름 두둥실 떠오르고
산등성이로 시원한 건들마[2] 구비구비

한여름 무더위 절정에서
열정적으로 울던 매미 소리 잦아지더니
지금은 아무 소리 없이 정적만 남았구나

들녘 하늘엔 고추잠자리 맴돌고
산마루 맑은 선녀탕엔 동아줄만 덩그러니

숲 속으로 울려 퍼지는
에멜무지로[3] 울어 대는 풀벌레 소리

텃밭 가운데
흙덩이 비집고 솟아난
푸성귀 잎사귀엔 벌레 갉아먹은 흔적들

2) 건들마 : 남쪽에서 불어오는 초가을의 선들선들한 바람.
3) 에멜무지로 : '결과를 꼭 바라지 않고 헛일 하는 셈 치고 시험 삼아'라는 뜻의 순 우리말

가을은
이렇게 들녘에 바이올린 선율을 흐르게 하고
고즈넉한 산사에 종소리 나지막이 울리니

바람 불러 세워 물어 보네
바삭거리는 가을의 소리가 들리냐고…

그 향이 그립구나

산이 무겁다 하네

어깨엔 잔뜩
흰 구름 얹혀있고

햇볕은 따가워
이마엔 땀방울 그렁그렁

바람 한 점
살랑살랑 맺힌 땀 씻어주니

양귀비꽃 핀
유월의 언덕은 곱기만 한데

바위 위에 핀
가녀린 초롱꽃 한 송이

침묵의 유월
밤꽃 향에 취해있구나

작은 힘이 거대한 꿈으로

유 재 명

손을 내밀어 준 고마움
수만은 별이 함께 빛난다

lucky4854@hanmail.net

푸르름은 내일의 희망 외 4편

유 재 명

하늘이 파랗고 높은
나무는 푸릇하게 뻗어나오는데

땅은 파릇하게 돋고
바다는 옥빛으로
눈부신 생명의 물결들

사람들 가슴엔 힘찬 숨소리가
어린 날 아로새긴 꿈들이 피어나고

그래서 생명의 눈빛은
청춘을 그리워하며
오늘을 살아간다

계절의 얼굴들

목소리에 계절이 살아나고 있다
따뜻한 봄볕이 있고
매서운 눈보라가 있고
향기가 젖어드는 날들

목소리엔 온도가 있다
뜨거움으로 울분을 쏟아내고
차가움으로 움츠리기도 하고
알알이 영글어 가는 희망이 있다

웃는 그 표정 뒤에는
억눌린 슬픔이 눈물로 떨어지기도 하고
숨겨진 목소리엔 사계절의 색깔이 있다

그래서
때때로 진실한
얼굴을 매무새하며 살아간다

거울 앞에서

한 사람이 서있다
자신의 마음속을 들여다보며

두 사람이 걷는다.
외로움을 토닥이며
아픔을 저 하늘자락에 뿌려본다

또 한 사람
손을 내밀어 준 고마움

거울 앞에는
수많은 마음의 별들이 더불어
빛나고 있다

날개옷

그렇게
날아 오른 것이리라

어두운 밤
접혀진 날개
찢겨진 아픔이 속삭일 것이다

수천 번의
날갯짓도
반복하며 살으련만

새 아침
펼쳐지고 날마다
새 출발의 인생이련만

그렇게
빛을 내며 살아가는 것이리라

작은 것의 힘

툭 툭
빗물 한 방울
어느새
드넓은
바다를 이루고

작은 눈송이
동그르
동그르
어느새
거대한
하늘이 되니

힘없고
연약한 이들의
움직임
한 마음
한 마음

땅이 되어
한 나라를 만들게 된다

월악산 영봉의 신령한 힘

이 종 인

눈물인가 빗물인가
천년 골이 되어 흐르는구나

E-mail : leejinin@naver.com

마애불 외 2편

이 종 인

一千年의 나라를 잃은 아픔이
고스란히 담겼구나

생겨나면 사라지고
그 자리에 또 생겨나고
흥하면 쇠할 수 있음이
세상 이치 아니던가

바위에 부처를 새기며
8년을 공들여
절치부심 했건만

麻衣太子여!
쇠하기 전
生氣 사라지기 전
방법을 못 찾았구려

월악산 靈峯의 신령한 힘도
부처의 힘도
소용 없었네
너무 늦었네

눈물인가 빗물인가
千年을 넘겨
골이 되어 흐르네
아, 千年의 신라
세상 모두가 아쉬워하네

하나 둘 자연을 사랑해야 하는 것들

새로 구입한 차는 안전벨트를 매지 않으면 운행이 불가능하다. 시속 20키로가 넘으면 삐삐 울어댄다. '잠시 그러다가 말겠지'가 아니다. 벨트를 매지 않고 그대로 진행하면 얼마 후 삐삐 울려대던 간격이 두 배로 빨라진다. 집을 나서면서 "아빠, 안전벨트 매는 거 알지?" 하는 인사말과 함께 나오는 딸의 잔소리는 이젠 필요 없게 됐다. 어찌 거역해볼 도리가 없다. 나이 육십에 순종해야 할 것들이 생기고 있다. '이젠 내 맘대로 해도 되겠지.'하는 나이에 말이다.

몇 년 전 무릎이 아파 병원을 찾았더니 연골이 찢어졌단다. 좋아하던 등산도 못하고 次善으로 택한 것이 무리하지 않게 평지 같은 산길을 걷기로 했다. 내가 주로 가는 곳은 광덕산 북쪽 허리로 난 길이다.

하오터널에서 시작하여 굽이굽이 부대 쪽 끄트머리까지 16키로가 넘는다. 먼 거리이니 매번 모두 걷지는 못하고 두세 시간씩 발길 닿는 대로다.

나무숲이 우거진 산허리로 고즈넉한 길은 그 자체만으로도 매혹적이다. 거기에 내 시선을 사로잡는 게 하나 더 있는데 바로 '가래나무'다. '가래'란 호두와 비슷한 열매인데 좀 길쭉하게 닮았으나 자라는 곳은 다르

다. 호두나무가 따뜻하고 양지바른 곳이라면 가래나무는 서늘하고 조금은 습한 골짜기에서 자란다.

고향 시골 마을에는 가래나무가 몇 그루 있었다. 그 열매는 귀했고 가을이면 가래 두 개를 손에 쥐고 가르륵 가르륵 소리 내며 갖고 노는 친구가 꽤 부러웠었다. 그런 가래나무가 족히 10미터는 됨직한 키 커다란 모습으로 골짜기마다 지천이다. 그 아늑함과 볼거리, 루소가 자연에 심취되어 걷던 길도 이만할까?

가래는 내용물과 맛이 호두와 비슷한데 그 양은 1/3 정도로 미미하고 껍질은 훨씬 단단하다. 어느 해인가, 길에 떨어져 있는 열매를 한 자루 주어 온 적이 있다. 내가 사는 집은 아파트 1층이다. 1층의 장점은 층간 소음에 자유롭다는 거 아닌가. 저녁마다 거실에 넙적한 돌을 놓고 단단한 껍질을 깨기 위해 망치질을 해댔다. 며칠 동안 딱딱딱…….

퇴근길 어느 날 아파트 현관 게시판에 다음과 같은 안내문이 붙었다.

"저녁마다 10시쯤 '딱딱딱'하는 소리가 들린다는 신고가 접수됐습니다. 어느 집인지 자제해 주시기 바랍니다." 1층이라 괜찮을 줄 알았는데 그 소리가 아파트 건물 전체로 파동되어 퍼져나갔던 것이다.

점점 익숙해지는 林道, 천천히 주위를 살펴보니 머루며 다래 덩굴, 키가 커다란 토종 뽕나무 등도 지천이다. 열매가 익을 때면 그 달달한 맛을 따라 계곡을 기웃 거리게 됐고 손이 닿는 것은 따고 떨어진 것은 줍고, 그 재미가 쏠쏠했다. 오디는 손톱 절반도 안될 만큼 작은데 토종이라 그런가 보다.

열매가 풍성한 해에는 그 양이 제법 됐는데 먹고 남은 것을 어떻게 고민하다가 술을 부었다. 보름쯤 지나면 우러나기 시작하고 한 달이 되면 색깔이 더욱 짙어진다. 그 맛이 궁금했다. 맛만 봐야지 하면서 한 잔씩 저녁마다 홀짝거리게 됐다. 머루, 다래, 최근에 오디술까지 지금껏 마셔 본 어떤 술과도 비교할 수 없는 맛이었다.

사실 나는 몇 년 전 심근경색에 뇌허혈증까지 병원 치료를 받은 적이 있는데, 그 후 술을 멀리해 왔었다. 그 달달한 한 잔씩이 버릇이 되어 어느 순간 담궈 놓은 술 모두를 마셔버렸다. 알코올 중독이라도 됐나 보다. 퇴근길에 편의점에 들려 막걸리까지 사게 됐고, 아내의 눈흘김도 그때부터 시작됐다. 그러거나 말거나 눈치 봐가며 저녁 한 잔은 계속됐는데…….

지난해 늦가을이었다. 산을 올라갔다가 내려오며 어느 계곡을 들어섰는데 머루송이 같은 붉은색 열매가 눈에 띄었다. 인터넷을 검색해보니 '오미자'다. 맛을 보니 희한하다. 단맛, 신맛, 쓴맛, 짠맛, 매운맛의 다섯 가지가 어우러진 맛이란다.

더 있나 살피며 내려오는데 사람 다닌 흔적 없이 길은 더욱 험해진다. 양손으로 숲을 헤치며 내려오는데, 가느다란 나뭇가지가 순간 딱! 왼쪽 눈을 때린다. 통증

이 느껴질 정도로 제법 세게 얻어맞았다. 눈을 끔벅이며 겨우 내려왔다.

운전하고 집으로 돌아오는 길은 힘들었다. 눈을 깜빡일 때마다 뭐가 들어간 듯 이물질이 들어갔다 느껴졌고 눈물이 줄줄 쏟아졌다. 쉬었다 가기를 반복하며 겨우 집에 올 수 있었다. 결국 저녁에 통증이 심해져 응급실로 달려갔다.

각막에 상처가 난 거란다. 퉁퉁 부은 눈으로 보름을 고생했다. 다 나았다 생각하고 일상으로 돌아오니 또 저녁마다 한 잔씩이다. 그런데 과하다 싶으면 아픈 게 도지곤 한다.

'이젠 좀 자제해야지.'하고 아침마다 다짐을 해도 저녁이면 또 술병 뚜껑을 여는 게 버릇되었다. 간 건강은 1년에 한번 병원검진으로 체크해보면 될 일이었다. 그런데 이젠 눈이 신호를 보내는 거다. "이젠 그만하세요!"하고 술을 끊으라는 아내 대신 호통치고 있다. 눈병이 일종의 건강 지킴이가 된 셈이다.

나이 들어 이젠 내 맘대로인 세상이려니 했더니 오히려 반드시 말 들어야 할 것들이 하나 둘 생겨나고 있다. 어려서는 스승의 가르침과 어른의 말씀을, 나이 먹어서는 무리하지 말고 세상의 순리를 따라야 하는 것이 인생인가 보다. 얼마나 오래 살려는지……. 순종해야 할 숫자는 더욱 늘어나겠다.

어디서 먹어야 제 맛?

“에어컨을 환풍기 밑에 놓는 게 어디 있냐! 시원한 바람이 그리로 다 빠져나가잖아, 이쪽 반대편으로 놔야지.”

“거기로 옮기면 테이블 하나를 없애야 해요.”

서울 장안동에서 맛으로 소문난 고깃집으로 유명해져, 씀씀이가 좋은 친구가 귀향해서 똑같은 식당을 차렸다. 단층으로 천정 높게 건물을 지었다. 돼지갈비 숯불구이가 전문이다. 식당 이름도 재미있게 ‘들창코’다. 테이블마다 연기를 빨아내기 위한 굵다란 은빛 코끼리 코가 내려와 새까맣게 도색된 실내를 불 밝히듯 하고 있다.

면사무소에 일이 있어 내려갔다가 엊그제 시골집을 철거해준 친구인 포클레인 사장과 점심을 먹으러 들렀다. 조금 있으니 이 친구와 바늘과 실 같은 나이 지긋한 덤프트럭 기사가 왔다. 포클레인 사장이 부른 거다. 식당 사장과 넷이 테이블에 앉았다. 지난번 일하는 날은 고기였지만 오늘은 냉면이다. 물냉면 두 개에 비빔냉면 하나, 식당 사장은 조금 전 먹었단다.

음식이 나오기를 기다리며 포클레인 사장이 에어컨

위치가 잘못됐다고 친구인 식당 사장에게 한 마디 하는 거다. 이에 대해 테이블 주위를 서성이던 식당사장 부인이 하는 대답이다. 천정이 높고 고기 굽는 열 때문에 신경 써 특별이 용량 큰 걸로 설치했으니 문제없다고 식당 사장은 일축하듯 말한다.

"환풍기를 끄면 되겠네. ㅎㅎ." 내가 농 섞어 한 마디 거든다.

"이천 신둔에 있는 ㅇㅇ냉면집 아시죠? 줄 서 기다려 먹던 그 집 말이에요. 돈 벌어 새로 건물 지어 이사 갔잖아요. 식당 안에 들어서면 서늘해요. 그런데 손님은 예전만 못해요."

넷이서 한 마디씩 하는 걸 힐끔거리며 조용히 지켜보던 덤프트럭 기사가 해도 될까 망설이듯 하다가 끼어들며 하는 말이다.

"ㅎ~, 그렇군요. 냉면은 더울 때 먹어야 제 맛인데 서늘한 공간에서야……." 내가 무릎 치며 말을 받는다.

"그러게 말이에요. 식당 안에서 일하는 종업원들에 온도를 맞추다 보니 그렇게 서늘해지는 거지요."

"내가 서울에서 고깃집 할 때 말야. 한여름에 그렇게 더운데도 불 앞에서 잘들 먹더라고. 도저히 참지 못하겠으면 자기들 차에 가서 에어컨 틀고 땀 식히고 와서 또 먹고 그랬어. 먹다 디워 도저히 못 먹겠으면 포장해 달라 해서 집으로 갖고 가는 애들도 있었어."

식당사장이 옛날 일을 무용담처럼 늘어놓는다. 에어

컨 위치가 잘못됐다 얘기 꺼낸 친구는 가만히 듣고만 있다. 제대로 맛을 느끼려면 시원하고 깔끔하고 쾌적한 조건만이 최적은 아닌가 보다. 시원한 수박, 아이스크림은 손 끈적거리며 한여름에 먹어야 제 맛 아닌가.

행복이 피어나는 인생길

조 길 자

위대한 너의 자태
신비로운 나그네 인생 같구나

E-mail : gilja3093@daum.net

날아라 고추잠자리 외 4편

조 길 자

갈색 잎 치맛자락으로
날릴 때
오색 물들은 가을 풍성함
텅 빈 파란 하늘
소풍 나온 고추잠자리
사뿐사뿐 날아오는 바람결이어라

뜨거운 햇볕에 자라온 꽃잎 술
예쁜 코스모스 꽃 군락지에
앉은 잠자리들
요염한 허리춤 휘청거리며
미소 짓는 가을의 상징
얼굴빛

화려한 꽃단장 알록달록
멋스럽게 치장하고
살짝이 품어 안고 속삭이는 꽃잎에
사랑한다 말해 볼까나
조용히 숨을 녹인다

가을 여인의 길게 늘어뜨린
갈잎들의 행렬
향기로운 햇과일
새콤한 그 맛에
평화로운 가을 한 광주리에
담고 담아
한 마을 잔치하네

봄 소리

봄이 오는 길목
때늦은 하얀 눈꽃
설산의 풍경 황홀한
아름다움은
청순한 가슴에 숨결로 피어나고

훈훈한 남촌에 봄바람 기다린 듯
따뜻한 햇살에
새소리 개울물소리
졸 졸 졸

어느새
꽃피는 아름다운 세월
봄나물 향긋한 냉이 향긋한 내음
언덕 길섶엔 개나리꽃
사랑의 눈망울로
맑은 혈맥이 청아하여
잠을 깨우는 봄소식

손을 잡은 인생길

단풍잎 갈바람 사이
흐르는 구름 사이로
가을이 깊어 가는 살가운 바람소리
햇살 끝에 매달려
몸부림치는 갈잎

찬바람 날려온
은빛 꽃 하얀 서리
쓸쓸히 떨어져 뒹구는 낙엽 잎
한 잎 두 잎 가득히
어귀에 모여 앉아
서러움을 녹인다

빤짝이는 물방울 빛
비춰진 얼굴
눈을 맞춘다
따스한 아침햇살
손을 잡은 인생길

바람 따라 가는 인생

밝게 웃음 짓는 나뭇잎새
갈바람에 춤추며
반짝이는 웃음을 보낸다
하얀 속살 스산한 알몸
숨겨진 비밀
계절마다 다른 색깔
새로운 자연의 얼굴
위대한 너의 자태
신비로운 나그네 인생 같구나

자연의 눈빛
꽃구름과 바람친구 손잡고
뭉실뭉실 떠돌아 즐거운 인생 여행길
겨울이면 생각나는
노란 속살 호박 군고구마
달달한 입맞춤
호호 웃음소리 매혹된 맛
추억을 가슴에 담고 산다

삶의 인생 비탈길
저 언덕 너머 샛길로

국화꽃 향기 은은한 방향제 되어
코끝을 스쳐 가는 나의 존재감
행복이 피어나는 인생 꽃길
미래의 희망

호랑나비 앉은 꽃밭에

따뜻한 봄 햇살
떡잎이 웃고 있는 나뭇가지 사이
살랑살랑 봄바람 입맞춤하며
사르르 녹아내린 사랑이 스치네

산골 물이 졸졸 산천초목들
얼마나 기다렸는지 몰라
봄바람 타고
새 생명 흐르는 소골
감미로운 너의 소리
잎이 피고 꽃망울이 맺혔네

꽃피는 동산자락
코끝을 스치는 감각
아로니아 향기에 젖어
덩실덩실 춤추는
호랑나비 앉은 꽃밭에
행복한 사랑의
교향악이 들리는구나

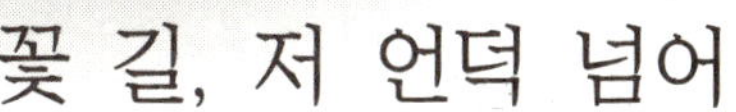

꽃 길, 저 언덕 넘어

곽 기 선

극락세계 서방정토
바로 여기로구나

nada346@naver.com

눈동자 외 4편

곽 기 선

문득,
살아온 날을
간절했던 그 순간으로
고스란히 되돌려 놓고 싶은 때가 있다

그때,
그랬었더라면…

회한의 비릿한 날숨
덥고 끈적한 공기 한줌을 보탠다

주렁주렁
국수 가락처럼 매단 수액의 생명줄
떼어달라던
내 어머니의 착한 눈빛

숨막힌 응급실 바닥엔
생기 잃은 수많은 영혼들만이
질퍽거렸었고

당신 손을 그렇게 놓치고 나서야

그때,

그랬었더라면…

백련

황량한 저수지 기슭에서 만난
소담스런 너의 자태

지난여름 대웅전 뜨락을 거닐던
동자스님 여전하구나

희다 못해 눈이 부셔
시린 눈 비비고 다시 보니

부처님 맑은 미소로
물끄러미 나를 보네

나무아미타불
나무아비타불

극락세계 서방정토
바로 여기로구나

수국

한차례 소나기 퍼붓더니
담뿍 머금은 파르르한 물기
꽃잎까지 번져 오른 속 깊은 물빛
이내 맘도 촉촉해져
가던 발길 주저앉히네

그대 떠나던 날
찻잔만 만지작거리며 떨리던 손끝
떨군 고개 아래 찻잔 위로 방울 짓던
촉촉한 눈매가 떠오르네

보낼 수도
잡을 수도 없던 그대
풀어내지 못한 우리사연은
그렁그렁 수국의 꽃모습을
고스란히 닮아있네

일출

길게 드러누워 거드름 피우는
저 만치 검푸른 수평선
가슴 밑바닥에 눌러 앉힌 불덩이
쉽사리 내어 놓지 않는다

어제는 지난해가 되었고
다음해는 오늘이 된 지금

의미를 꾹 꾹 눌러 담은 소망 하나씩을
저마다 품고
마른침 삼켜 가며 숨죽여 기다린다

거무튀튀한 차가운 물결이 잠시
일렁거렸고

발그레한 그것이
더는 참지 못한 듯
슬그머니 정수리를 치켜 올린다

이내 눈이 쨍하도록 빨갛게
우리를 흔들어 놓았고

가슴 벅찬 소망을 주문을
한바탕 털어 놓는다

중얼중얼…
중얼중얼…

오해와 이해

모양조차 모호한 경계

오해를 오래 두고 꺼내보면
이해가 되기도 하고
이해를 잘 담아 넣어두면
오해될 일 없다

서로 모르면 오해지만
진심 어린 방향으로 자꾸 보다보면
오해는 이해가 스르르 된다

마음에 안고 밀고
또 안고 떠밀어도
그저 넋두리

미운 맘 없이 갔다가 또 올 걸세

노 갑 용

단풍 색 치마저고리 입은
가을 여인 그 품으로 갈 걸세

E-mail : gynoh7873@nate.com

대추나무 외 4편

노 갑 용

깊은 향수를 머금은 잔잔한 생각이
가슴을 파고든다
있는 듯 없는 듯
우직함으로 스스로를 지탱하는
외로워 보이는 생명

짜릿한 감동이 온몸을 두드린다
정녕 그는 외로운 존재였을까
많은 이들의 칭송의 대상 이었을까
따뜻한 눈길 포근한 사랑
그에겐 무엇 이었을까

대추나무
그는 예쁘고 정 담긴 열매를
좋을 때마다 좋은 장소 따라 즐거움을 주고
아름다운 예를 담아왔는데
한 걸음 한 걸음 걸어왔던 발자취 속에
그 따뜻함을 사뿐사뿐 정리해본다

당장 시선 앞에 마음 앞에
그 그림이 뜨이지 않는다 하여

왜 그를 못 헤아렸는지
고향 이고 친구이고
부모님의 얼이 배어있는 것을

북한산

세월의 역사를 가슴을 안고
넓은 양팔을 쭉 뻗어 내미는
세상을 향해 모호함의 작은 미소로
어깨의 무거운 짐을 받아 주는 북한산

가든 길 멈추고 이리 와서
가슴에 맺힌 한 던져버리고
내 안산 품에 안겨
남북에 흔들리는 태극기를 보라
통일의 문이 열리고 있도다

철 따라 치장해온 수줍은 차림새
웃음과 분노가 치밀던 오색 무지개
때론 행복한 단잠 속에 포성이 울리는 매연에
하많은 사연들이 명작이 되었으니
언젠가는 한 소절의 명곡으로 불리어질 것이다

그대들이여
이런 나를 어떻게 보고 있는가
가련하게 보지 말게나
동정도 거절하네

이 자리에서 묵묵히 세상사를 보아오지 않았나

그대들이 떠난 후에도
나는 여기 있었네
이렇게~ 이렇게~ 이렇게~

꿈

따뜻했구나 아름다웠구나
자그마한 꽃봉오리의 향기
드넓은 대로를 솜 송이 되어
훠얼훠얼 날고 있었구나

반짝반짝 빛나는 희망나무
이 가슴을 뛰게 했던 불쏘시개
어제와 오늘 그리고 내일
끊임 없이 지침 없이 달리고 있다

따가운 햇살에 목말라하던 이름 모를 들꽃
후드득 후드득 소낙비에
은근 슬쩍 미소 띠는 수줍은 얼굴
첫발 내딛던 기억이 그 어깨를 감싼다

오르락내리락 삶의 애환
발부리를 가로막던 짓궂은 기류
움켜쥔 주먹
가던 길을 가라가라 한다

망설이지 마라 망설이지 마라
어떤 도움이의 눈빛도 마주 치지 마라
그냥 그냥 가는 거야
이렇게 이렇게 꿈 꿈 꿈을
행해 가는 거야 그런 거야

평화

이슬비가 소리 없이 가을 들녘을 적신다
도드락도드락 알밤 떨어지는 소리
온갖 고난을 겪으면서 일궈진 곡식
이내 지친 산고의 모습으로 드러난다

발 디딜 틈이 모자랄 만큼 복잡한 도시
옆을 헤아릴 수 없을 만큼의 야박함들
나만을 챙기고 나만을 지켜야 했던
숙명의 의지가 널브러져 추한 모습을 띄운다

흐르는 구름 속의 파아란 하늘
스스로를 챙겨 단장하는 산야
통성명 없이 흘러 온 시간 속에
어느덧 서로를 잘 아는 낯익은 얼굴들

보라 오늘도 태양은
온 세상을 밝힌다
환한 미소로 서로를 쳐다보며
환영의 손을 흔든다

격의 없이 흘러 왔고 이렇게 흐를 것이다
서로를 위로하고 많은 것을 보며
평화를 나누는
더할 것이 없는 행복

봄나들이

터벅터벅 어제와 오늘을 열어본다
닿을 듯 닿을 듯
손짓으로 나를 불렀던 그리움과 야망
다시금 그를 향해 달콤한 상상을 펼친다

어느새 코밑을 스치는 꽃향기
주인을 만난 듯 날개를 펼쳐 춤을
노란색 연보라색 물결이 함께 팔다리를 흔든다

오르막도 내리막도 아닌
꽉 막혔던 쳇바퀴를 벗어나기라도 한 냥
서둘러 못 다한 것 들을 챙겨 담기라도 하려나

고소한 냄새 아름다운 차림새
이 곳 저 곳에서 손짓한다
막힌 것을 뚫고 긴 숨을 들이킨다
뿌듯한 마음으로 싱그러움을 끌어안는다

낮은 하늘에 은빛 별들의 소리

유 희 숙

아지랑이 피어오르는
꽃 길 저 끝에
한 아름 꽃 안고 마중오시네

E-mail : yhs.428@daum.net

겨울 산 외 4편

유 희 숙

물은 고여 있을 때 소리가 없듯
겨울 자락에 머문 산은
스스로 다독이며 고뇌를 품고
고요 속에 인내하며
침묵으로 머문다

혹독한 북풍과 눈보라에
옷을 다 내어준 겨울 나목
뜨거운 뿌리는 생명에 불타오르는데

외로움에 지쳐버린 바위는
따뜻한 햇살 온기로
다시 만날 꿈을 꾸며
묵언의 하루를 보낸다

꽁꽁 얼은 한 줄기 얼음장은
움츠러든 시린 마음처럼
삭풍에 더욱 두터워지며
스스로의 성에 갇히고

좁고 어두운 터널 지나
아지랑이 피어오르는
계절 기다리며
상고대 화려한 꽃을 피운다

고추

작은 베란다에
모종 두 그루 심었더라

햇빛과 바람 속에
하얗고 뽀얀 작은 꽃
살며시 벌과 입맞춤했나
어느새 작고 포동한 열매 달렸네

송송 썰어 보글보글 칼큼한 된장찌개
어릴 적 그리운 엄마 냄새

아침마다 숨바꼭질
반갑게 인사하고
이제는 이별할 때
차마 베어내지 못하네

거두지 못함을 알아챈 걸까
시들은 꽃잎 탯줄 매달고
긴 산고 끝에 고추 한 개 맺혀있다

기다림에 남아있던 식구들도
빨갛게 멍들어가고
가을을 함께 떠나가려는가
해가 지면 모든 것은 헤어지건만

청춘의 아름다운 꽃

아기 엉덩이 같은 뽀얀 속살
싱그러운 청춘
영광의 월계관을 향하여
머리 질끈 매고 달린다

끝도 없는 수평선 망망대해
힘차게 노 젓는 항해사 되어
어디론가 희망 찾아 떠나고

눈 가리고 술래잡기하는 꼬마처럼
달빛조차 들지 않는 어두운 골목
걸음 내딛다 돌부리에 걸려
엎어지기도 하는데

작은 시냇물
커다란 계곡물 되고
이내 강물 되더니
어느새 바다로 돌고 돌아 왔다

왜 헉헉대며 높은 산 올랐을까
어차피 내려갈 길

청춘의 추억들은 너울거리고

눈도 마주치기 힘든 하루도 있었지
그래!
오늘은
매일 매일의 처음이지
얼어 죽었다 움나기를 반복하는
의지의 감나무처럼

이제 집으로 발걸음 재촉한다

국화 옆에서

지나가던 길
노오란 꽃잎 하나 땄다
후욱!
이 향기

엄마는 가을이면 반달 같은 앞마당에
소복한 화분을 나란히 놓고
행복한 미소를 띄우셨지
단아한 노란 꽃

어느 날
그대가 창가에 앉아
손 내밀며 잡아 주면
은은히 전해 오던 풋풋한 내음
초가을 아침
따뜻한 국화차를 마시며
하루의 난간에 서서
이슬에 젖은 갈잎을 맞이한다

그 꽃은
마음 속 그리움으로 가득한데

따스한 빛과 향기
가을비 한 잎 한 잎
저 멀리 떠나가고
깊은 숲속으로 하염없이 빠져든다

꽃길 저 끝에

코흘리개 계집애
여름이면 엄마를 졸라
손바닥만한 마당 한 켠에
올망졸망 피어난 빨간 봉숭아

잘 익은 수박 같은 예쁜 물들라
밥풀만한 하얀 손톱에
잠자다 혹시나 빠질세라
엎치락뒤치락
꿈속에선 멋쟁이 아가씨 되고

아침 되자
두근두근
환한 함박웃음에
열 손가락
봉숭아꽃 가득 피었네

먼발치
애달픈 사연
한숨 속에 눈물 적시던
고운 울 엄니

아지랑이 피어오르는
꽃 길 저 끝에
한 아름 꽃 안고 마중 오시네

인생살이 색동저고리처럼 아름답기만

홍 순 동

푸른 하늘 바라보며
양천리 삶의 희망을 가져본다

E-mail : Hong624193@gmail.com

가을이 오는 소리 외 4편

홍 순 동

구질스러운 여름은
서서히 그 열기가 시들어 가고

고추잠자리 두둥실 하늘을 날고
길 자락엔 코스모스 꽃들이 살랑살랑 피어나니

여기저기 펼쳐진 풀잎 위엔
새벽녘 살포시 아침 이슬 내려앉는다

갈바람에 의지하여 잠들던 여름 밤
이제는 살랑거리는 바람의 계절

숨 막히던 무더위는 지나가고
언젠가 오고야 마는 가을이 찾아오고

상큼한 가을바람에
더욱 드높아진 푸른 하늘 바라보며

열무김치 풋내 나는 배추잎사귀의 구수함이
넉넉해진 가을이 그저 행복합니다

물빛과 불빛

유유히 흐르는 불광천

여울목이 합쳐져
시냇물 되어 흐르고
밤 조명이 물에 비추어지니
색동저고리처럼 아름답기만 하구나

졸 졸 졸
물소리 자장가 되어
물장구치던 오리들은
엄마 품에 곤히 잠들었네

연꽃잎에 물방울 하나

기해년 여름
푹푹 찌다 못해 펄펄 끓어
가마솥 같은 삼복더위 지나고

천년 묵은 연꽃 씨앗
한적한 사찰에 싹을 틔우고
연분홍 빛 고운 꽃 수줍은 듯 얼굴 내밀어
방긋 미소 지으며 아름다운 자태를 뽐내는구나

파란 연잎 치마폭 펼치니
지나가는 여우비 또르륵 내려앉네

곱고 단아한 꽃잎엔
하루 일에 지친 벌과 나비 쉬어가니
바람도 소리 없이 사뿐사뿐 지나가네

너의 화려함과
고운 자태에 흠뻑 취해보고 싶구나

기다리는 마음

동트는 아침
산자락에 걸린 달님도
반갑게 반겨주는데

새벽녘의 귓불에 스치는
바람은 벌써 차갑기만 하다

흘러가는 시간의 흐름이
계절의 바뀜을 알려주고

찬바람이
가을을 가져다주는 세월도

마음 조아리며
기다리는 시간들도
흘러가는 세월도 아름다워라

삶의 한 잔

술 좋아 하는 사람이
곡차 한잔 마시면 기분이 좋아진다니

밥이 싱거워도 그냥 넘어가고
밥이 질어도 그냥
되는 대로 주는 대로 먹어야지

방이 추워도 그만
방이 따뜻해도 말 못하고
그렇게 산다

세상을 살면서
이것저것 구별하지 않는다
그것은
마음의 상처가 없기 때문이다

세상살이 힘들지만
여유롭게 한 잔 하자

해 맑은 접시꽃을 피우며

방 옥 화

마음은 올랑올랑 머물러있건만
하루는 꿈결처럼 스쳐만 가고

E-mail : Bang108@naver.com

내일을 위한 인생 외 4편

방 옥 화

아스라이 머~언
시린 눈빛으로 서럽게 걸려 있는 별 하나

고단했던
너덜너덜 상처받은 심장
묵직한 돌덩이 안고 살아도
태양처럼 힘이 넘치는
뜨거운 열정이었는데…

먼 산 바라보며

계절의 변화를 피부로 느끼며
바람 부는 대로 마음을 기대어본다

조급한 마음도 내려놓고
느릿한 걸음
허무와 조우할 여유도 없나니

이~ 대~ 로~

몸을 낮춰 삶의 박자를 맞춰가며
다시 봄이 오면
반가운 마음으로 두 팔 벌려 맞으리
빈손으로 떠나는 우리의 삶
현재진행형 삶을 위해

여름과 가을 사이

어스름 달빛 아래
저녁노을 하늘 한 가득 누워버렸다

새 날이 밝으면
아침이슬 머금은 수매미
한 마리 매앰 매앰 맴~
창틀에 매달려 명주날개
자랑하며 노래하더니
흔적을 감췄네

매미 자취를 감추고 날아간 자리
모가지가 긴 사슴처럼
한들한들 코스모스 바람에 살랑이는데
이웃하며 살아가는 삼색의 백일홍
코스모스, 백일홍 아우라지 삶이
사랑스럽다

매미는 삼복더위에 오직 짝을 찾아
여행 오듯 우리 곁에서 보름 살다 떠난다 하는데

코스모스 백일홍 살고 있는 정원에
산들바람 불어오면
이 가을도 홀연히 떠나리라…

할머니의 손국수

그리워진다
빳빳하게 풀 먹여 곱게 다림질한 모습
어머니, 외할머니의 모시치마저고리

그립다
무더운 여름
할머니네 대청마루
뒷문을 열면 장독대를 타고 들어오는
시원한 골바람에
두 팔을 베개 삼아 솔솔 낮잠에 젖어드네

그립다
할머니네 부엌
가마솥 걸린 부엌 옆문을 열면
해맑은 접시꽃이 가득 피고
손녀딸 반기신 할머니의 바쁜 손길
가마솥에 불을 지펴 홍두깨로 밀국수를 만드네

그립다
골바람 부는 대청마루 키 큰 접시꽃
입가에 웃음꽃 피우며 할머니와 맛있게 먹었던

아련한 그 맛 손칼국수!
반백년 전으로 흘러 들어간 그 시절
그립다

플라스틱의 공격

한 세상,
편했습니다
우린 정말 플라스틱이란 물건 때문에

무언가 먹고 싶은 음식이 있으면
굳이 재료를 장만해서 만들지 않아도
버튼 몇 개 누르고 이십 분 정도 기다리면
깔끔한 플라스틱 용기에
맛있는 음식이 벌써 뱃속에

비단 나 한 사람뿐만 아니겠고
지구촌에 있는 사람들이 필요할 때
아무런 의식도 하지 않고 그저 삶에 만끽하니

편함을 추구하며 자손들을 생산하고
소름 끼치게도 그렇게 편한 생활이 눈앞에 있으니
그러나 지금 우린 그런 삶에 대가를 모르고 합니다
먹이사슬에 의한 심각한 오염
사람들이 뿌린 그릇된 생각 때문에
우린, 우리가 버린 플라스틱을 먹고 살며 행복을 느끼나

먹이 사슬은 불과 4,50년 흘러가면 우리 인간을 공격하는 걸
이제야 눈을 뜨고
아이가 태어나면 너무나 소중해서 좋은 것 만 먹이고
좋은 것 만 보여주고 더 나은 교육을 시키려 하지만
그런 아이들 모두 이런 걸 먹고 살아야 하는 세상

플라스틱이 분해하려면 500년이 걸린다 하니
그 동안 오대양 육대주에서 부서지고 쪼개어져
미세한 분자를 먹은 물고기들 우리 식탁에 오릅니다
실제로 그렇게 생태계가 변하고
플라스틱의 공격은 우리 식탁에서 생명의 적이 되고 있습니다

알 수 없는 세월은 흘러만 가고

나도 모르는 사이
고령 대열에 서있네

가는 세월 잡지 못해
찰라 흰머리 수북하네

마음은 올랑올랑 머물러 있건만
하루는 꿈결처럼 스쳐만 가고

건들바람 다시 불어오는데
어제는 그제로 오늘은 어제로
흘러만 가려 하네

한 번 오면 다시 돌아갈 수 없는
인생이란 두 글자
오늘도 흔들거리며
세월이란 곳으로
자꾸만 흘러들어가네

추억을 먹고 사는 영혼

설 정 해

그대 떠난 뒤 다 주지 못한
사랑 안고 울고 있더라

E-mail : lucky4854@hanmail.net

갈바람 외 4편

설 정 해

바람 한 점 없다
아름드리나무 잎새들도
죽어 있는 시간 속 같이
숨 쉬고 있으나
살아있음 느낄 수 없게 고요하다

까치 한 마리 날아 고요를 깨운다
갈바람이 따라 숨결 불어넣는다

노랗다 못해 검붉어진 낙엽이
춤추듯 날아 와
내 뺨을 스치며 허공으로 흩어진다

바람에 잎새들 흩날려 비어진 나무
메마른 내 마음 읽는다

지난 시간들의 쓰린 기억들
스산함과 공허함에 텅 빈 눈동자
갈바람이 떠넘기듯 불어넣고 지나간다

숨 하나 없던 생명에
쓰라린 기억의 불씨 일어나
숨 쉬라 살아 있으리라
춤추며 한날 사이로 지나가리

미소 짓는 그 날들

오늘은 섧던 날
내일은 함박 꽃 피는 날
다음날
잊을래요

우리 다시 만나지 말아요
왜냐하면
당신과 헤어지는 아픔
더는 견디기 힘드니까요

난 강해요
아무 때나 울지 않아요
그냥 하늘 보며
그냥 밥 먹으며
그냥 그냥…

여기까지라고 말해요
잊어 달라고

당신의 향기
당신의 미소

이름 지울래요

미안해하지 말고
아무렇지 않게 아침을 맞이하세요

하나만 기억해줘요
아직도 당신을 사랑한다는 걸…

다만
하나만 허락해줘요
당신을 추억으로 남겨도 된다고

난 그래도 잘 살아요
난 그래도 나니까
난 그래도 당신과의 추억이 있으니까요

해가 달이 되듯

산모롱이 둘이서
달을 보다 해가 되어
산성 은은한 불빛에
상기된 시선
서로를 밝혀 주고
차가운 치맛바람
서로를 마주하게 한다

산모롱이
혼자 걷다 뒤돌아본다
산자락 헤매느라
발그레진 두 볼
온기 사라진 채
그렁그렁 한 가득 그리움 떨치며

함께였던 그때
다 주지 못한 마음
다하지 못한 사랑

못내 아쉬움에
돌아보고 돌아보며

남은 사랑 붙잡고 서있다

내가 사랑하는 것들

눈을 뜨면
하늘과 나무 사이로
자기 집을 찾아
날아드는 새들을 봅니다

봄볕 눈부신 속을 걷다보면
걸려오는
전화벨 소리가 너머의
느긋한 목소리

피붓는 소나기에
거묵해진 대낮 카페
창가에 앉아 커피 한 잔

파란 하늘 벗 삼아
해먹 위에 몸을 누이고
익숙해진 책을 안고
상념에 젖는 시간

지난 시절 추억
그 안의 그리운 사람들

차를 타고
스치는 저녁노을을
눈에 담고

설레는 내일을
당신과 함께
우리의 날들을 살며
웃고 울다 가는
시간을 사랑합니다

오늘의 삶
그 끝자락에서 숨 쉬고 있는 하루가
생명의 귀중함을 사랑합니다

소소한 일상의 소중함을
알게 된 오늘을
더욱 사랑합니다

꿈

꿈을 꾸면 그대를 봅니다
그 안에 그대가 있습니다

모든 시간 속에 함께
그대가 꿈이 되었습니다

꿈속의 당신은
날 보며 웃어 주고
나는 그런 당신을 보며
미소 짓고 있습니다

낮에도 밤에도 떠오름은
당신뿐입니다

나의 사랑이 꿈이 되니
꿈같은 그대 품고
이 밤
더 깊은 꿈속으로 빠져듭니다

새로운 생명이 피어나듯

우 영 순

내 눈동자 속에
담겨 있는 것은 무엇일까

E-mail : zidangw@hanmail.net

그 여름 어느 날 외 4편

우 영 순

삶의 무게가 너무도 무거워
훌쩍 떠나고 싶어
여행길에 나섰지요

한 여름인데도
마음은
마른 풀잎으로 가득한 황량한 벌판에
홀로 서있는 막막함으로 서러워…

동병상련
나와 같은 마음을 가진
사람들로 북적이는 곳을 찾았습니다

먹장구름 하나 가득 가슴에 품고
자신과 문제들을 바라보며
통곡하던 그때, 그 시절

내 짐은 다른 이들에 비하면
아무 것도 아님을 깨닫는 순간

내 자리는 한 없이 낮아지고

감사함이 마음 가득 넘쳐흘러
새 생명으로
메마른 풀잎이 새롭게 살아나던

그 여름은
아직도 잊지 못할 경이로움입니다

하많은 세월 속의 손님들

빛이 나래를 펴고
아침이 열리면
허공에 울려 퍼지는
까치의 우렁찬 노래 소리

반가운 손님이 오시려나…
기다리는 마음
설렘으로 하루가 열린다

첫손님은 까치
오가며 이웃들도 찾아와
이야기꽃을 피우던 쉼터의 공간 마루

활짝 열린 대문으로
물건을 잔뜩 머리에 인
지친 모습의 행상 아주머니도
스스럼없이 들어와 물 한 대접 청하던
그런 시절이 있었지

어느새
수많은 세월이 흐르고

이웃도 손님이 되고
따로 사는 부모도
자식들에겐 손님이 되어버렸네

풍요로움 속의 외로움
부족해도 어울려 다정했던 그 시절
손님을 반기던
넉넉한 마음은 어디로 갔나요

기억 속의 어머니

사무치게 그리운 이름
엄마…

꽃상여를 타고 가신
그 모습이 그리워질 때면
물안개처럼 피어오르는 기억
새벽이면 엎드려 기도하시던 모습

하고 많은 기억 속엔
왜 하필…
나도 그리하라는 무언의 바램이신가?

돋보기 쓰고 책 읽으시던 모습이
한 폭의 그림처럼 선명하다
연세 드신 분이 책을 좋아하신다고
이웃들이 부러워할 때
얼마나 으쓱 하고 자랑스러웠는지

꽃을 사랑하시고
비단 조각을 모아
곱게 감치시던 바느질솜씨

멋진 잔칫상을 차려내시던 음식솜씨
칭찬만 들으시던 도량이 넓으셨던 우리 엄마

그 삶의 지혜를
절반도 살려내지 못하는
내가 안타까울 뿐

마음의 창문을 열고

이른 아침
창문을 열고 심호흡 하면
맑은 기운이 가슴 하나 가득 밀려오고

앞산의 푸르름
살아 있음에 감사하며
생명의 기운을 오늘도 느낀다

열려 있는 창
모든 것을 받아들이는 넉넉함
어떤 것도 좋다는 자신감
유무통상의 가난한 마음

닫혀 있는 창
모든 것을 차단하려는 답답함
가려서 받아 드리려는 이기심
아무 것도 나눌 수 없다는 편협함

마음의 창문을
열고 닫는 것으로
인생의 길은 달라지겠지

햇빛이 잘 들어오고
바람이 잘 통하는 집이
좋은 집이라 하는데

넓은 대문을 활짝 열고
살던 옛날이 그립다

눈동자

그윽한 그대의 시선
은은하게 감아 도는 따사로움
마음 저 깊은 곳
파도가 일렁인다

바람 따라 살랑살랑 흔들리는 물결
수평선 줄기 따라 반짝이는 햇살
잔잔한 호수는
삼라만상의 신비로운 그림자

마음의 창(窓)을 통해
보여지는 실상과 허상들
내 마음도 고스란히
타인에게 거울처럼 보여지겠지

내 눈동자 속에
담겨 있는 것은 무엇일까

주고받는 소식에 정감이 넘쳐

이 청 미

나도 저 빈 배처럼
세월의 강 흘러갈까 보다

E-mail : lchongmi@hanmail.net

여름나기 외 4편

이 청 미

봄바람 살랑살랑 불어
새싹 조심스럽게 기지개 켜고
꽃들은 살짝 얼굴 내민다

바람도 거센 여름 폭풍우 사이에 여름에
잎새들은 억새지고 줄기는 굵어져서
어떤 비바람도 견디어내야
가을을 맞을 수 있으리라

여리기만 한 무력한 아이
극진한 보살핌 속에 크다가
아프기도 하고 넘어지기도 하다가
청년의 과제를 잘 감당하다 보니
의지 강하고 속 단단한
자기 안의 희망들을 펴는 어른이 된다

폭풍우 견디고 따가운 땡볕 속에서
기쁨의 열매 주렁주렁 힘겹게 매달고
강하게 견디고 버티는 줄기의 힘
인생의 고뇌가 있듯 굳건하게 살아난
여름나기를 통해 길러진다

나무가 사계를 맛보지 않고 살아갈 없듯이
여름 나기를 잘 해기 위해
계절의 시련을 이겨 결실의 가을을 맞듯
사람도 젊은 날에 많은 것을 견디고 닦아야
인생의 가을에 맛을 제대로 아는
잘 익은 열매 맺는 사람이 될 수 있으리라

배롱나무

백일 동안 피고 지는 나무

하얀 모자이크 줄기
여릿여릿하고
화사한 진분홍색 꽃
새색시같이 고와서
정원에 심어놓고
곱다고 쳐다보며
세월 따라 맨날 즐기었다

백일 이어지며 피는 모습
세상 고통 속에 줄기차게
끊임없이 독립을 외치던
소녀처럼 순수하고
물불을 가릴 줄 모르던
뜨거운 열정 떠올라
더욱 사랑스럽다

큰숲

정글이라고 부르는 곳

하 많은 희귀식물 잎새 향기
서로 의지와 경쟁으로 잎새가 날리고
햇볕을 더 받기 위해
은빛 반짝이는 사이로
큰 키도 더욱 키우면서
한 밤사이 바람 속에 사는 곳

온갖 잡새 넘나드는 소리
한 지붕 한 가족 사랑의 울안
도토리 알알이 배 속 채우고
땅에 떨어진 알밤 몇 톨
분해해서 사는 것도 있다
솔솔이 돌확에 갈아서
먹고 사는 법 다르다고
비난하거나 부끄러워하지 않고
자기 방식대로 당당하게 산다는 것

태어난 대로 사는 정글 식구들처럼
우리도 생긴 대로 사는 법을
이제라도 배워야 할 것 같다

손님 기다리기

어릴 적
이른 아침 까치 울면
반가운 손님 온다고 해서
공연스레 좋아했다
다리 아래로 기차가 간다고 해서
기차 지나가는 바로 위에 있으면
그리운 사람이 온다고 해서
들뜬 마음으로 기다렸지

집안 청소하고
시장가서 장 보고
기다리는 손님
반가이 맞던
그 젊은 날들은 가고
요즈음
맛집으로 모시고
인사 나누고 먹고 웃으며
정성으로 대한다

어뚝새벽이면
카톡을 열어보고

주고받는 소식에 정감이 넘쳐
하루가 금방 진행되고
보고 싶고 만나고 싶은 친구
해가 서산에 뜰 때면 만날 사람
보고 싶은 사람
슬그머니 그립고 보고파
기다림에 가슴을 달랜다

빈 배

잔잔한 강에 나룻배 한 척

강태공들은
낚싯대를 거들떠보지 않으면서
흐르는 강물 위로
세월을 낚는 모양인가 보다

구순 생일날
한 일이 없다는 아버지 말씀을 받아서
구십까지 건강하게 사셨으니 큰일하신 거라는
큰딸 응수에
그러냐 하시며 빙그레 웃으셨지

하 많은 세월 낚시로 소일하며
빈 배처럼 허허롭게 살다 가신 아버지
집에서 손질도 해주지 않아
소주와 맞바꿔 먹은 붕어들
오늘에는 그 붕어들의 씨앗이
낚시에 걸려 올라오겠지

나도 저 빈 배처럼
세월의 강 흘러갈까 보다

쪽빛 하늘과 부서지는 파도

현 다 경

바람자락에서도,
햇살무리에서도, 살짝살짝한
방울씩 가을이 묻어나고 있습니다

E-mail : sodogoong@naver.com

백일을 밝힌 하늘꽃 외 4편

– 배롱나무

현 다 경

사뿐히 디딘 발끝
땅의 기운 품어 모아
진분홍 한삼 자락
힘차게 뿌린 듯이
진초록 잎새 끝
하늘 향한 꽃무리들

달밤의 연인인 듯
그 모습
사랑이어라

피고 지고
피고 지고
백일을 밝힌다지

이내 마음
너를 안고
천 리를 달릴 거나

수줍은 듯
사랑 안은
고운 모습 배롱이여…

소낙비 오는 날

깊은 바닷속
쪽빛 하늘과
부서지는 파도의
새하얀 뭉게구름

두 귀 쫑긋 토끼였다
이내 한 줄기 물을 뿜는
고래가 되어
모였다 흩어지는 흰 구름들

따가운 햇살을 가려주는
미루나무 그늘 아래
멍석에 등을 붙인 아이는
가슴 속 피어나는 꿈송이를
하늘 높이 띄워본다

그 아이
뭉게구름 어딘가에
소나기구름 있는 의미를
이제는 알았을까!

더운 여름
대지를 식혀줄
한 줄기 소낙비가
기다려진다

가을비

봄비의 따스한 손길이
대지를 감싸 안을 때
하나의 생명을 싹틔우려
언 땅을 들어 올리던
끓는 힘과

한여름
무수한 꽃과 잎을
춤추게 하던
정열의 이글거림을

이제는
좀 내려놓으라고
간간이
추적이며
대지를 토닥인다

하여
높아진 하늘에
여린 햇살 한 자락은
작은 씨앗 속에

생명으로 꾹꾹 눌러 담아
다음을 기약하라
하고

오늘
추적추적
가을비가 내린다

손님

어서 오세요
하나
둘
셋
넷

가족이란 이름으로
작은 별나라를
찾아오신 손님들

큼지막한
그들의 가방엔
신비의 열매들이
가득하다

달콤함에 취할 즈음
쓴맛이 나오고
매운맛에 얼얼할 때
새콤함으로 달래주는
신비한 열매들

주인은
그 선물에 취하여
오늘도 또 내일도
한 상 가득
만찬을 준비한답니다

소망

분명
조금은 컸나 봅니다

전엔
하나만 보였는데…

이제는
둘레가 보입니다

소망 하오니
하나와
그 둘레에
행복의 싹들이
고루고루
돋아나소서

올 여름엔 투정이 많다

김 다 경

사랑도 행복도

우리마음 처음처럼

E-mail : kdk1008544@daum.net

사랑방 손님 외 4편

김 다 경

식탁 위를 휘감는다
헤이즐럿 향 은은히
조금은 수줍은 듯
살포시 고개 들어
방긋 미소 머금은 꽃송이

5월 어느 날
손님이 놓고 가신
난 화분
어이 이리 설레일까

반딧불이

서산 봉우리엔 먹구름 모자 쓰고
서늘해진
8월 중순 오막살이
검은 외투로 옷 갈아입는다

이른 반딧불이 별마냥 반짝반짝
마당 위를 춤추며 노래한다

밤하늘엔 별들이 속삭이고
남아있는 막걸리 한 잔이
내 기분을 살짝 건드린다

심통이 났다

구름은 오가는데
바람은 부는데
비는 그럭저럭 오는 둥 마는 둥

이렇듯 저렇듯 세월은 오가는데
오라는 님은 바람 타고 어딜 갔는지
저 잎새 사이로
소리도 없이 가버렸나

심통이나
골짜기를 기웃기웃
시리도록 찬물에 텀벙
어제처럼 멱을 감는다

처음처럼

하늘이 따갑다
처음 널 만난
그 날처럼

그대가 있음에
세상 모든 것들이 너무 아름다워
내 마음
그대에게 아낌없이
기쁠 때도 나와 함께
슬플 때도

사랑도 행복도
우리마음
처음처럼

그대여

밝고 화사한
그립고 사랑스런 모습
내 마음은 이미 당신 곁으로

갓 심어 놓은 해바라기 씨앗이
자그마한 꽃망울들
준비를 하고 있네

정말이지
햇살 밝은 해님 닮은 해바라기 꽃을 보면
떠오르는 모습

내 마음을 온통 흔들어놓는다
사랑하는 나의 그대여

노을이 아름다운 언덕 길

김 인 기

어둠이 깔리면
꿈속인 듯 별빛이 반짝반짝

순간들 외 4편

김 인 기

그 모든 순간들이
눈 부셨다

알 수 없는 날들이
영원과 함께 했더라

새로운 순간이
등을 떠미네

따스함 없는 곳으로

원하지 않아도
찬바람이… 분다

여행

여행은
내 일생
최고의 선물

여행만이
가장 행복한 시간

여행을 하며
하늘을 가득 안아보고
공기를 맘껏 마시며
숲의 향기에도 취해본다

자연을 배불리 먹으니
온 세상이 내 품 속으로

여행은
정다운 친구

영원한
나의 벗

울 엄마

울 엄마
딸만 다섯

대 종갓집 며느리
죽어 조상님을 어찌 뵈올꼬
늘 죄인처럼 사셨네

작은 엄마 들였네
아들 낳아 달라고

울 엄마
백일기도 하늘에 닿아
남동생 생겼네

울 엄마 미역국
정성껏 끓여 받치네

작은 엄마 유세
하늘 높은지 몰라도
아들 낳아줘 고맙다고
원망도 미움도 없네

딸 다섯 품에 안고
고난의 세월

넘 착한 울 엄마

저 세상 가셔서
조상님 뵈옵고
칭찬 받으셨을까

하늘나라에서는
꽃길만 걸으시겠지

보고 싶은
울 엄마

친구

친구야

너무 어려운 말
너무 예의바른 사람
집에 초대하지 말자

굳이 어렵고
불편하면서까지
피곤함을 만들 필요는 없지 않겠니

친구야
이제
솔직 담백하고
부담 없이 맘 편한 사람들과
재미있게 살자

우리도 얼마 남지 않은 것 같다

친구야
난 네가 있어 행복하단다

우리 곱게 늙어
마무리 잘 하자

우정

우정보다
더
아름다운 것이 있을까

해 맑은 미소
손을 꼭 잡아주네
따스한 느낌

가슴 속으로 스며드는
정겨운 목소리

깊어 가는 가을
두 마음이
단풍처럼 물들어가네
황혼에 만남 우리
노을이 아름다운 언덕길을
손잡고 걸어가리

우리 우정
영원하길

마음 밭을 열어보며

도 윤 희

여여로운 마음 밭에
내 마음을 심어 보리라

숲속의 한 날 외 3편

도 윤 희

새들이 한마당 놀이를
이슬 머금은 새벽녘
참나리 고고한 자태 웃음꽃으로 피어나네

솔향기 잎새 사이에
흔들리는 소리가
골바람, 샘물이 되어
보슬비소리 같기도 하여
가만히 얼굴 내밀어보네

엉성한 보리 털 송송 나있는
애기 청솔모 한 마리
두 손에 솔방울 하나 부여잡고
후두둑 톡톡 하루살이 생명수 만드네

보는 이 하나 없고
훼방꾼도 없건마는
무에 그리 급한지…

살랑 불어오는 부산함에
가을 숲속이 익어간다

누에실 마음 문 열어

인연의 발길 따라
진관사 다녀오는 길
마당 깊은 고즈넉한 한옥
솔향내음 솔솔 피어오르고

연초록 이끼
도란도란 속삭임 가득한
하늘에는 금빛 살이 피어나고
담장 너머 글 향기 피어나는 누에실 뜰안에
한 가닥 마음 담고 싶어
덜커덩 대문을 열었네

오방색으로 날갯짓하는
누에고치 비단실처럼
한 올 한 올 씨실 늘려가면서
이리저리 날실 찾아
여여로운 마음 밭에
내 마음을 열어보리라

새삼 뒤 돌아보니

사랑 할 때 사랑을 모르고
바삐 걸을 때 걷는 길이 보이지 않고
멈추어 뒤돌아보니 지나온 길이 보이네

가슴 밑바닥에서 올라오는 소리
친구와 이야기할 수 없고
좋아하는 책마저 소리 내어 읽을 수가 없지만
숨 가쁘게 몸을 떠는 순간
쇠기침을 하게 되면서 나를 다시 보게 되누나

세상 끝이 보이는 찰나
혼 나간 은발의 여인
가만히 두 눈을 들여다본다

흐릿한 전등 아래 눈동자 빛을 잃어가고
세월의 혼탁함이 존재하는 인생살이
이제 자세히 살펴보고 나니 눈썹이 흔들리누나

참하지 않아도 좋겠지만
세월 가며 나이 들어 보인들 어떠리
사람의 정을 눈으로 얘기할 수 있으니

비록 하얀 머리카락 휘날려도
부끄럽지 않은 고운 모습으로
세월을 엮어 나가고 있으니 더 바랄게 무엇이랴

쇠기침이 내 주위 머무니
새삼 겸손해지며 하루해를 넘긴다

때로는 힘들지만

– 간병하는 노신사

정겨운 가을 햇살이 병원 모퉁이를 산책하다. 무엇엔가 부끄러운 듯 저만치 물러가고 있다.

나이가 지긋한 노신사 한 분 까맣게 머리 결을 물들인 모습도 고운 아내의 손을 꼭 잡고 전족한 발처럼 사부작사부작 걷는다. 병원 복도 몇 바퀴 걷는 게 하루 일과 중 맨 처음 하는 아침산책인지 창문 너머로 보고 있노라니 아름답다.

보청기도 끼었건만 잘 들리지 않아 서로 다른 말로 토닥거리기도 하지만 돌아오는 길에 맛있는 음식을 사 가지고 다정스레 앉아 모습도 고운 아내에게 주고, 그 노신사도 한 입 덥석 들어가는걸 보면 처마 끝 뾰족한 둥지에서 부리를 흔들며 어미의 먹이를 기다리는 제비 가족처럼 행복하니 내 인생도 저렇게 정겹게 늙어 가면 좋겠다.

행복이 피어나는 병상, 미소가 지어질 수밖에…….

음식의 과식은 사람을 힘들게 하지만 행복한 관심은 따뜻한 고마움을 주고 늘 푸른 소나무처럼 외롭지 않게 해준다.

이 도서의 국립중앙도서관 출판예정도서목록(CIP)은 서지정보유통지원시스템 홈페이지(http://seoji.nl.go.kr)와 국가자료종합목록 구축시스템(http://kolis-net.nl.go.kr)에서 이용하실 수 있습니다. (CIP제어번호 : CIP2019042702)

셋이서문학관 창작교실
누에실문학회 창작문집 6집

해 뜨는 커피

초판인쇄일 2019년 10월 25일
초판발행일 2019년 10월 31일

지은이 : 셋이서문학관 누에실문학회

펴낸곳 : 도서출판 문학공원
발행인 : 심순진
편집장 : 전하라
디자인 : 김초롱
등　록 : 2004년 3월 9일 제6-706호
주　소 : (03382)서울 은평구 통일로 633
녹번오피스텔 501호 스토리문학사
전　화 : 02-2234-1666
팩　스 : 02-2236-1666
홈페이지 : http://cafe.daum.net/yob51
이메일 : 4615562@hanmail.net

※ 잘못된 책은 교환해 드립니다.
※ 책값은 뒤표지에 있습니다.
※ 이 책의 제작비 중 일부는 은평구의 지원으로 제작 되었습니다.